ALBUM

DE

MANŒUVRES D'INFANTERIE

PAR

LE GÉNÉRAL DE DIVISION SCHRAMM,

PRÉSIDENT DU COMITÉ DE L'INFANTERIE.

PARIS,

A. LENEVEU, LIBRAIRE

POUR L'ART MILITAIRE,

RUE DES GRANDS-AUGUSTINS, 18, PRÈS LE PONT-NEUF.

1850

ALBUM

DE

MANŒUVRES D'INFANTERIE

PAR

LE GÉNÉRAL DE DIVISION SCHRAMM,

PRÉSIDENT DU COMITÉ DE L'INFANTERIE.

PARIS,

A. LENEVEU, LIBRAIRE

POUR L'ART MILITAIRE,

RUE DES GRANDS-AUGUSTINS, 18, PRÈS LE PONT-NEUF.

—

1850

Montmartre. — Imprimerie PILLOY frères et Cᵉ, boul. Pigale, 48

AVANT-PROPOS

DE L'ÉDITEUR.

Ayant acheté une partie des bibliothèques de feu M. le duc d'Orléans et de M. le comte de Paris, je trouvai parmi les ouvrages tombés ainsi en ma possession un manuscrit de M. le général SCHRAMM, *président du comité de l'infanterie.* Je le parcourus avec empressement, et, après avoir reconnu qu'il n'avait pas été publié, je demandai à l'auteur la permission de le livrer à l'impression. M. le général *Schramm* a bien voulu y consentir, et c'est son travail que j'offre à l'armée. Je suis certain d'avance que ce livre, plein d'intérêt pour les hommes qui s'occupent de tactique, sera recherché avidement par tous les officiers curieux de s'instruire.

Les manœuvres proposées ne sont pas dans l'ordonnance, mais elles découlent immédiatement de ses principes ; elles comblent certaines lacunes et mettent à même, dans plusieurs cas, de se plier aux exigences du terrain ou de la présence de l'ennemi.

A. LENEVEU,

Libraire pour l'art militaire.

ÉCOLE DE BATAILLON.

L'ordonnance du 4 mars 1831 n'a indiqué que trois manières de déployer la colonne double. Nous pensons qu'on pourrait en pratiquer utilement deux autres que nous allons exposer pour combler une lacune. Nous voulons parler *du déploiement* : *face en arrière* et de *la formation en avant* en bataille , lorsque la colonne double est à distance de peloton (sa distance normale et habituelle, parce que les mouvements doivent toujours se faire par peloton.)

Nota. Les pelotons, dans tout le cours de cet ouvrage, sont supposés de 20 files, soit 10 mètres pour l'étendue du front d'un peloton.

Les intervalles entre les bataillons sont de 16 mètres.

Les figures sont à l'échelle de 1 millimètre pour mètre ou 1|2 millimètre pour 1 mètre.

1° Deploiement de la colonne double à distance de peloton, face en arrière en bataille.

La colonne double à distance de peloton devant se former face en arrière en bataille, le chef de bataillon préviendra l'adjudant-major de placer trois jalonneurs devant et contre la 1re division, ou sur la ligne de bataille qu'il aura choisie, à trois ou quatre pas de distance de cette même division.

Ces dispositions étant prises, le chef de bataillon commandera :

1. *Face en arrière en bataille.*

2. *Bataillon* — à GAUCHE *et à* DROITE.

3. *Pas accéléré* — MARCHE.

Au premier commandement, le chef de la 1re division lui fera faire à droite, se conformera à ce qui est prescrit au n° 401 de l'École de bataillon, et se placera ensuite au 2e rang. Les chefs de peloton des trois dernières divisions se porteront devant le centre de leurs pelotons. Les chefs des pelotons de droite les préviendront qu'ils devront faire à gauche, les chefs des pelotons de gauche qu'ils devront faire à droite.

Au 2e commandement, les pelotons de droite feront à gauche ; les chefs de ces pelotons se porteront à la gauche de leur peloton, feront déboîter les trois files de gauche en avant ; le guide de gauche viendra se placer devant l'homme du 1er rang de la 1re file pour le conduire ; chaque chef de peloton se placera à côté de son guide, les pelotons de gauche feront à droite ; leurs chefs se conformeront à ce qui vient d'être dit ; ils se porteront à la droite de leur peloton et feront déboîter les trois files de droite en arrière pour être conduites par le sous-officier de remplacement. Les guides de droite pour les trois pelotons de droite, les guides de gauche pour les trois pelotons de gauche, se détacheront vivement pour aller jalonner la ligne ; ils s'y placeront comme il a été prescrit pour les formations successives, et indiqueront ainsi aux chefs de peloton le point où ils devront traverser la ligne de bataille, la dépasser de trois pas, et converser ensuite par file à droite ou à gauche, de manière à diriger leurs pelotons parallèlement à cette ligne.

L'adjudant-major assurera les guides du demi-bataillon de droite sur la ligne de bataille, et l'adjudant-sous-officier ceux du demi-bataillon de gauche.

Au commandement *Marche*, les pelotons se mettront en mouvement en se conformant à ce qui vient d'être prescrit, et se laisseront mutuellement à gauche; lès trois pelotons de droite se ront alignés à gauche, et les trois pelotons de gauche seront alignés à droite.

La formation étant achevée, le chef de bataillon commandera :

Guides — à vos places.

A ce commandement, les chefs des quatre premiers pelotons reprendront leurs places ainsi que les guides

OBSERVATIONS.

Si, avant de déployer en colonne double, on fait le commandement *pour former le carré*, la quatrième division serre à distance de masse et marche constamment dans cet ordre. Cela ne nuit en rien à la formation face en arrière en bataille, car il n'y a rien de plus élastique qu'un petit nombre de pelotons qui se croisent; on pourrait même, à la rigueur, déployer la colonne double *serrée en masse* face en arrière en bataille, sans qu'il puisse en résulter la moindre confusion. L'essai qui en a été fait plusieurs fois n'a rien laissé à désirer.

Fig. 1.

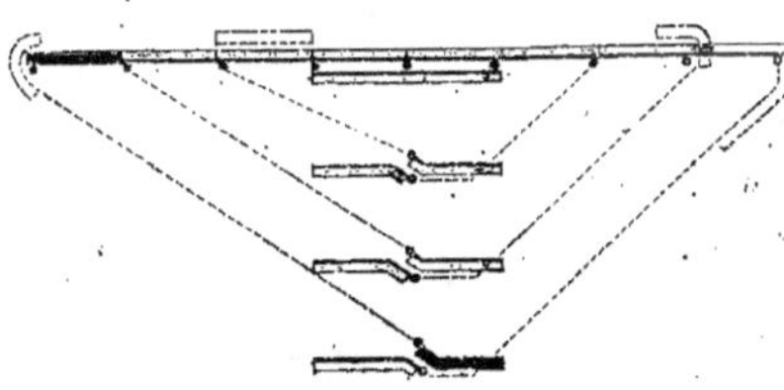

2° Former la colonne double à distance de peloton, en avant en bataille.

La colonne double à distance de peloton devant se former en avant en bataille, le chef de bataillon préviendra l'adjudant-major de placer trois jalonneurs à distance de peloton, devant le front de la 1re division, puis il commandera ;

1. *En avant en bataille.*
2. *Par peloton, demi à droite et demi à gauche.*
3. *Pas accéléré* — MARCHE.
4. *En avant.*
5. MARCHE.
6. *Guide à gauche et à droite.*

Au 1er commandement, le chef de la 1re division la portera en avant et l'établira contre les jalonneurs, conformément aux principes prescrits à l'École de Bataillon n° 383.

Aux 3e, 4e, 5e commandements, les trois pelotons de gauche et les trois pelotons de droite se conformeront à ce qui est prescrit aux nos 384 et suivants de l'École de Bataillon.

La formation étant achevée, le chef de bataillon commandera :

Guides — à VOS PLACES.

Fig. 2.

3° Déployer la colonne double sur un peloton quelconque (le 3e, par exemple).

Nous ferons remarquer encore relativement à la colonne double qu'elle se prête facilement au déploiement sur un peloton quelconque, et que si le terrain ne permettait pas de déployer sur le centre, sous peine de mettre un peloton en arrière en colonne, le premier peloton, par exemple, cette situation ne devrait pas embarrasser; il n'y aurait qu'à déployer sur le 3e peloton.

Dans un tel déploiement, les deux pelotons du centre marchent toujours réunis; les autres exécutent isolément leurs mouvements.

Fig. 3.

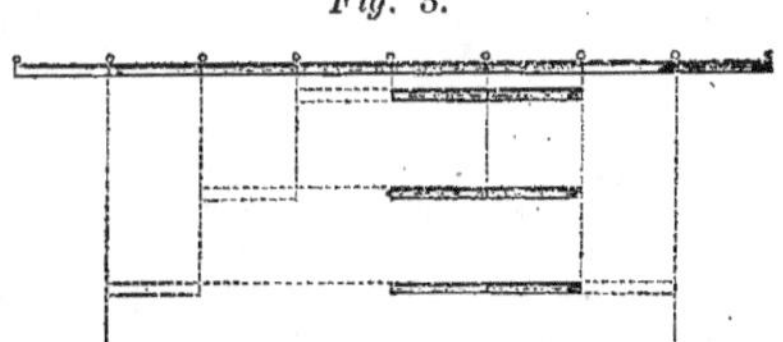

DEUXIÈME PARTIE.

ÉVOLUTIONS DE LIGNE.

N° 1. Faire passer une ligne de bataillons en masse de l'ordre en colonne à l'ordre en bataille sans arrêter, et réciproquement.

L'ordonnance indique bien les différentes manières dont une colonne de bataillons en masse peut être déployée, *en avant, en arrière, à gauche et à droite*, mais elle ne dit pas qu'une telle colonne peut, tout en marchant, passer facilement à l'ordre en bataille, et réciproquement, étant en bataille, revenir à l'ordre en colonne sans s'arrêter.

Pour cela, il suffit de faire prendre entre les bataillons en colonne distance de division, plus six pas, et commander *mouvement par bataillon* et *changement de direction* (à *droite* ou à *gauche*), après avoir fait prendre le guide du côté opposé à celui vers lequel on veut converser.

Lorsqu'on passe ainsi de l'ordre en colonne à l'ordre en bataille, on commande *tel bataillon de direction*, au moment où les conversions sont près d'être achevées, et on choisit habituellement pour bataillon de direction celui qui est le plus en arrière; alors les autres ralentissent pour l'attendre.

Fig. 4.

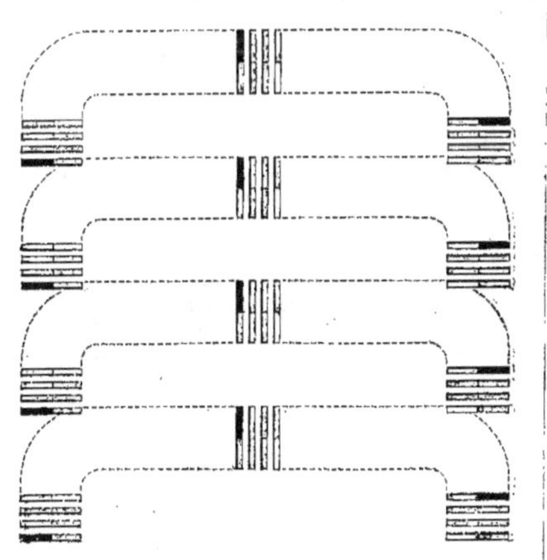

Nº 2. Faire marcher en échelons une ligne de bataillons ployés en colonnes doubles, et reformer la ligne face à gauche sur une direction perpendiculaire à la droite de l'ancienne ligne.

L'ordonnance sur l'exercice et les manœuvres à l'article de l'*ordre en échelons*, dit seulement: que si le commandant en chef le juge convenable, il pourra ployer les bataillons en colonnes par division en arrière de la première ou de la quatrième, et les mettre en marche avec intervalles de déploiement comme dans une ligne pleine; mais elle garde le silence sur la possibilité de ployer ces mêmes bataillons en colonnes doubles. Cela provient sans doute de ce que la commission n'avait pas prévu que la colonne double pouvait être formée *face en arrière en bataille*, et que, faute de ce mouvement, le commandant en chef ne pourrait pas reformer la ligne dans toutes les positions ou directions que les accidents du terrain ou la présence de l'ennemi exigeraient.

La manière de former une colonne double face en arrière en bataille ayant été indiquée, nous allons en faire l'application dans les évolutions de ligne, et nous choisirons l'ordre en échelons.

La distance entre les échelons par bataillon ployés en colonne double, sera égale à l'étendue du front d'un bataillon, plus un intervalle; c'est-à-dire de 140 à 150 pas pour des bataillons de 8 pelotons de 20 files chacun.

Et comme les échelons seront mis en marche avec des intervalles de déploiement, quelque soit le mouvement par bataillon qu'on puisse leur faire exécuter dans les changements de direction à droite ou à gauche en marchant, ils se trouveront toujours à distance de déploiement en arrivant sur la ligne de bataille.

Une ligne de quatre ou de plusieurs bataillons ployés en colonnes doubles, ayant été échelonnée avec intervalles de déploiement, et les échelons formés à 150 pas de distance; si l'intention du commandant en chef était de reformer la ligne face à gauche, et perpendiculairement à l'extrémité de l'aile gauche de l'ancienne ligne, il n'aurait qu'à faire exécuter un changement de direction à gauche à chaque bataillon; les échelons seraient ensuite arrêtés au fur et à mesure qu'ils arriveraient sur la ligne de bataille AB; et en déployant les colonnes double face en avant, la ligne serait reformée.

Si au contraire la position CD perpendiculaire à l'extrémité de l'aile droite était préférable, et que le commandant en chef fût dans la nécessité de reformer la ligne face à gauche, il commanderait :

  1. *Mouvement par bataillon,*
  2. *Changement de direction à droite,*
  3. Marche.

Après les deux premiers commandements vivement répétés, chaque chef de bataillon ferait prendre le guide à gauche à son bataillon, et commanderait : *Bataillon à droite conversion.* Au commandement : *Marche,* immédiatement répété, les bataillons changeraient de direction à droite, d'après les principes prescrits.

Le changement de direction étant achevé, le commandant en chef ordonnerait au commandant du 1ᵉʳ échelon de l'arrêter, de placer deux jalonneurs sur la direction de la nouvelle ligne, et de déployer la colonne double *face en arrière en bataille.*

Les échelons suivants continueraient à marcher, et lorsqu'ils seraient arrivés à 4 pas de la ligne de bataille, leurs chefs respectifs les arrêteraient et les établiraient sur la ligne de la même manière que l'échelon précédent.

OBSERVATIONS.

En reformant la ligne face à gauche, et perpendiculairement à l'extrémité de l'aile gauche de l'ancienne ligne, les échelons prendraient la guide à gauche dès que leur changement de direction serait achevé, vu que le 4ᵉ bataillon deviendrait pour eux bataillon de direction. Ce serait l'inverse pour le mouvement du côté opposé, la direction se prendrait sur le 1ᵉʳ bataillon.

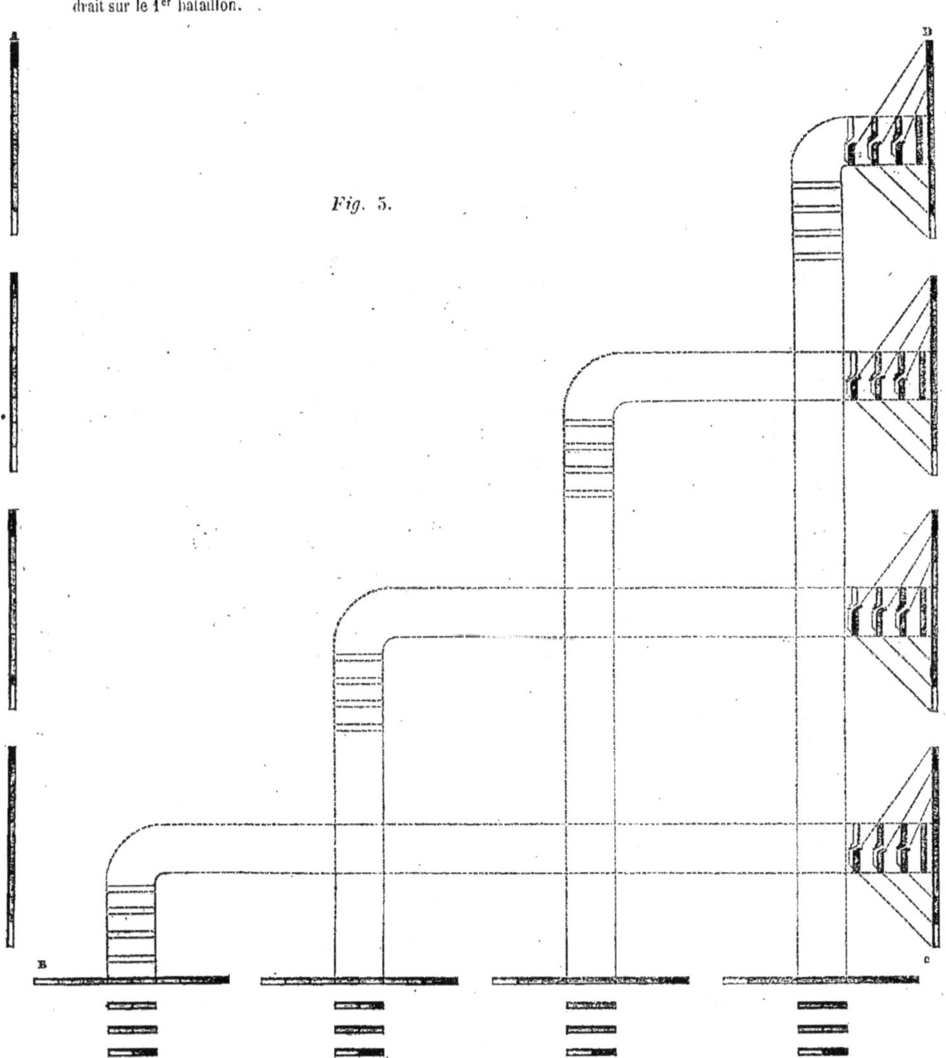

Fig. 5.

3. Changement de face sur l'emplacement de la ligne.

Une ligne de plusieurs bataillons étant déployée sur un terrain étroit qui ne permet pas de faire de grands mouvements en tous sens, et devant faire un changement de face, le commandant en chef déterminera d'abord le point central sur lequel il voudra faire exécuter le mouvement, en prenant pour base les ailes de deux bataillons contigus. Il fera prévenir la portion de la ligne qui se trouve à la gauche de ce point qu'elle devra faire face par le 3ᵉ rang, et qu'elle devra rompre dans cet ordre, comme si elle faisait face par le 1ᵉʳ rang.

Il fera placer par l'adjudant-major du 2ᵉ bataillon deux jalonneurs devant le 1ᵉʳ peloton du 3ᵉ bataillon, et, par l'adjudant-major du 3ᵉ bataillon, deux jalonneurs devant le dernier peloton du 2ᵉ bataillon. Ces deux derniers jalonneurs seront assez distants l'un de l'autre pour que la subdivision qui doit venir se placer sur cette base d'alignement puisse traverser entre eux.

Ces dispositions étant faites, le commandant en chef commandera :

> 1. *Changement de face sur l'emplacement de la ligne,*
> 2. *Par peloton (ou section) à gauche,*
> 3. *Pas accéléré* — Marche.

Le premier commandement ayant été répété, les bataillons placés à la droite du point central se porteront 12 pas en avant sans faire sortir les drapeaux ; les bataillons de gauche feront face par le 3ᵉ rang ; les uns et les autres aux commandements de leurs chefs respectifs.

Les 2ᵉ et 3ᵉ commandements ayant été vivement répétés, la ligne rompra d'après les principes prescrits.

Le commandant en chef commandera ensuite :

> 1. *Colonnes en avant,*
> 2. *Pas accéléré* — Marche.

A ces commandements, les chefs de bataillon se conformeront aux principes prescrits, prenant le guide à droite.

Les bataillons têtes de colonnes ayant marché 12 pas, le commandant en chef commandera :

Sur la gauche en bataille.

Chaque colonne partielle se formera sur la gauche en bataille, d'après les principes prescrits, le peloton de tête s'établissant contre les jalonneurs placés à l'avance.

Les pelotons qui font face par le 3e rang, à mesure qu'ils arriveront sur la ligne de bataille, devront la traverser, et après l'avoir traversée, ils s'arrêteront, se remettront face en tête et s'aligneront à droite.

Ce mouvement s'exécuterait aussi bien en faisant faire face par le 3e rang aux bataillons de droite et en portant en avant les bataillons de gauche, mais on romperait alors par *pelotons à droite*.

Ce mouvement s'exécutera avantageusement dans les évolutions, lorsqu'on voudra changer la direction ou la position des deux lignes subordonnées. Le changement de face étant opéré simultanément dans les deux lignes, celle qui était première deviendra seconde, mais l'ordre des bataillons correspondants ne sera pas interverti.

OBSERVATIONS.

On ne porte les bataillons de droite en avant que pour faciliter le mouvement des bataillons de gauche, ceux-ci ayant à traverser la ligne de bataille en se formant sur la gauche en bataille.

Fig. 6.

4. Passage du défilé en avant et formation de la ligne face au défilé.

L'ordonnance n'indique que trois manières de reformer la ligne de bataille après avoir passé le défilé en avant. Il nous a paru utile, le cas échéant, de pouvoir disposer d'une quatrième manière pour faire face au défilé, sans avoir recours au demi-tour individuel.

Une ligne de quatre bataillons ayant exécuté le passage du défilé en avant par la droite du 3ᵉ bataillon, et le défilé étant assez large pour donner passage à une division de front, les pelotons qui se sont trouvés en tête ont appuyé l'un vers l'autre et se sont réunis pour passer le défilé.

Si le commandant en chef veut reformer la ligne face au défilé, il se portera d'avance à la hauteur où il voudra l'établir, et placera sur cette ligne deux jalonneurs devant l'emplacement où devra se porter la tête de chacune des deux colonnes, en laissant 24 pas d'intervalle entre elles.

Les jalonneurs seront placés de manière qu'il y ait entre eux et la sortie du défilé un peu plus que distance nécessaire pour contenir les colonnes serrées à distance de peloton.

A mesure que les deux colonnes sortent du défilé, chaque chef de division fait former sa division de la manière indiquée nᵒ 660 *des Évolutions de ligne*.

Chaque tête de colonne se portera ensuite diagonalement sur la direction des jalonneurs établis ; les divisions suivantes se conformeront à la direction de celles de la tête. La colonne de droite conservera le guide à gauche, et celle de gauche le guide à droite. Lors que ces deux colonnes seront arrivées à distance de peloton des jalonneurs, le commandant en chef les fera serrer à distance de peloton.

Les colonnes étant ainsi disposées, le commandant en chef commandera :

> 1. *Sur le centre face en arrière en bataille, déployez les masses.*

> 2. *Pas accéléré* — MARCHE.

Après le 1ᵉʳ commandement vivement répété, les chefs de bataillon commanderont : *Bataillon — à gauche* pour les bataillons de droite, et *bataillon—à droite* pour les bataillons de gauche ; les chefs de division des bataillons de droite se porteront à côté de leurs guides de gauche ; les chefs de division des bataillons de gauche se porteront à côté de leurs guides de droite.

Au commandement *Marche* vivement répété, les bataillons se mettront en marche par le flanc ; les divisions, allant à la rencontre l'une de l'autre, se laisseront mutuellement à gauche.

Aussitôt que les 2ᵉ et 3ᵉ bataillons, après s'être dépassés en se croisant, se trouveront vis-à-vis les jalonneurs établis d'avance, ils seront remis face en avant et formés simultanément *face en arrière en bataille;* les 1ᵉʳ et 4ᵉ bataillons, après s'être dépassés en se croisant, se dirigeront parallèlement à la nouvelle ligne ; le 1ᵉʳ bataillon aura pris le guide à droite, et le 4ᵉ bataillon aura pris le guide à gauche. Lorsqu'ils seront parvenus aux points B et D marqués par adjudants-sous-officiers, leurs chefs respectifs commanderont :

1er Bataillon.	4e Bataillon.

1er **BATAILLON.**

1. *Bataillon par le flanc droit* — MARCHE.
2. *Guide à droite.*
3. *Colonne* — HALTE.
4. *Face en arrière en bataille.*
5. *Bataillon guide à gauche.*
6. *Pas accéléré* — MARCHE.

4e **BATAILLON.**

1. *Bataillon par le flanc gauche* — MARCHE.
2. *Guide à gauche.*
3. *Colonne* — HALTE.
4. *Face en arrière en bataille.*
5. *Bataillon guide à droite.*
6. *Pas accéléré* — MARCHE.

Le commandement *halte* sera fait lorsque les bataillons se trouveront à distance de division de la ligne de bataille.

OBSERVATIONS.

Si la ligne avait plus de 4 bataillons, les derniers bataillons passés se conformeront à ce qui vient d'être prescrit pour les 1er et 4e.

Si le commandant en chef juge à propos de faire commencer le feu pendant que le mouvement s'exécute, il en donnera l'ordre, et au fur et à mesure que les pelotons déjà établis sur la ligne seront démasqués, leurs chefs leur feront exécuter le feu de deux rangs.

Fig. 7.

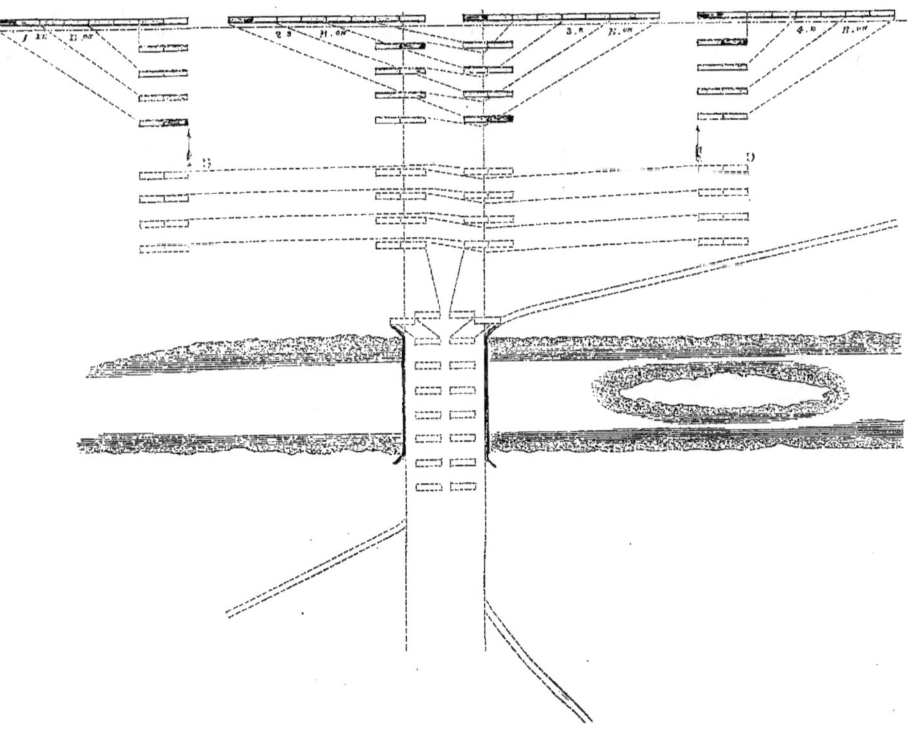

5. Formation d'une ligne de 4 bataillons sur deux lignes.

Les dispositions ordinaires, pour mettre une colonne sur 2 lignes, sont toujours fort lentes, et rarement on arrive à les placer régulièrement l'une derrière l'autre.

En supposant quatre bataillons (formant deux régiments) déployés sur une seule ligne, on la rompra très-promptement en deux par un changement de front simultané en arrière sur le 8ᵉ peloton du 2ᵉ bataillon et sur le 4ᵉ peloton du 4ᵉ bataillon.

Ainsi, sans aucun autre mouvement, le centre des bataillons de la 2ᵉ ligne se trouvera vis-à-le milieu de l'intervalle des bataillons de la 1ʳᵉ ligne ; celle-ci déborde la 2ᵉ d'un demi-bataillon, ainsi que le recommande l'ordonnance.

Pour l'exécution, le commandant en chef fait prévenir les colonels de ce qu'ils ont à faire, et commande :

Mouvement par régiment.

Le commandement général ayant été répété, chaque colonel commande un changement de front en arrière, l'un sur le 8ᵉ peloton, l'autre sur le 4ᵉ peloton du 2ᵉ bataillon de son régiment.

Le chef du 4ᵉ bataillon, aussitôt après le commandement de son colonel, fait faire demi-tour à droite au demi-bataillon de droite avant de commander *par peloton demi à droite.*

Lorsque les deux lignes seront établies et qu'on voudra former les carrés par régiment, on rompra, dans la première ligne, par division en arrière à droite, et on se ploiera dans la 2ᵉ ligne en colonne à demi-distance, la droite en tête, sur la 1ʳᵉ division du 4ᵉ bataillon, en se conformant du reste aux nᵒˢ 928 et 929 des Évolutions de ligne.

Les 4ᵐᵉˢ divisions des 1ᵉʳ et 3ᵉ bataillons formeront les réserves.

OBSERVATIONS.

Conformément à l'esprit de l'ordonnance du 4 mars 1831, toutes les fois que des mouvements doivent s'exécuter par brigade, régiment ou bataillon, ces mouvements sont précédés du commandement général :

Mouvement par brigade, par régiment, par bataillon.

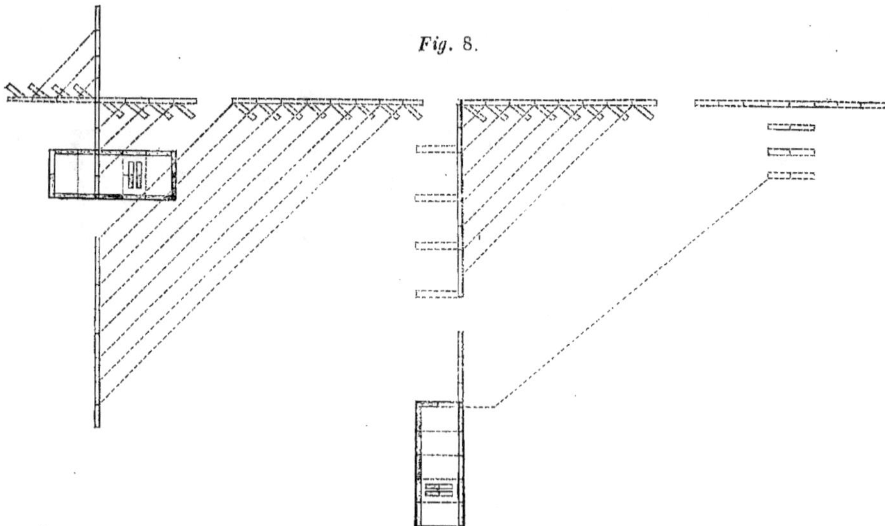

Fig. 8.

6. (Suite.) **Rompre les carrés et reformer les lignes face à droite.**

Si les deux lignes sont en carrés, et qu'on veuille les reformer face à droite de la direction primitive des lignes, on rompra les carrés, et on serrera en masse sur la division de la tête de chaque régiment. Le 1ᵉʳ régiment déploiera sur la 4ᵉ division du 2ᵉ bataillon.

Le 2ᵉ régiment exécutera un changement de direction par le flanc gauche et déploiera sur la 2ᵉ division du 3ᵉ bataillon.

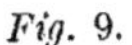

Fig. 9.

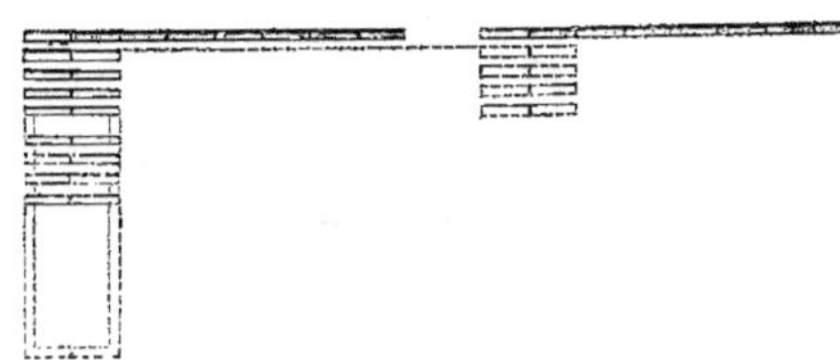

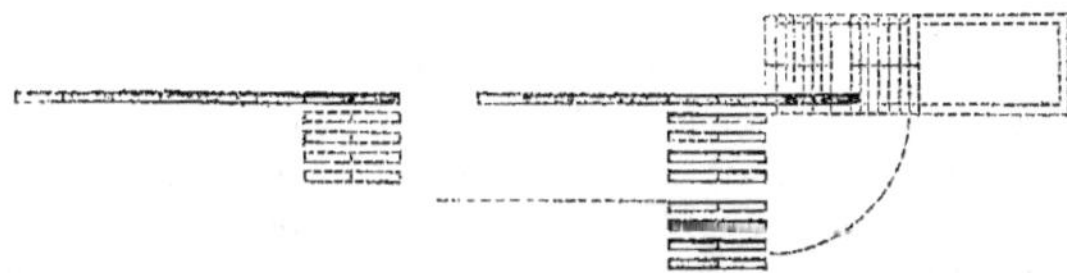

7. (Suite.) **Rompre les carrés et reformer les lignes face à gauche.**

Si les deux lignes sont en carrés, et qu'on veuille les reformer face a gauche de la direction primitive de ces lignes, on rompra d'abord les carrés.

Le 1ᵉʳ régiment se formera face en arrière en bataille étant à demi-distance par division ; le 2ᵉ bataillon, au lieu de déboiter par un mouvement de conversion, puisqu'il n'a pas la place nécessaire à cet effet, se portera par le flanc vis-à-vis la droite de la ligne sur laquelle il doit se former.

Le 2ᵉ régiment serrera en masse sur la division de la tête, changera de direction par le flanc droit, et déploiera sur la 3ᵉ division du 4ᵉ bataillon.

Fig. 10.

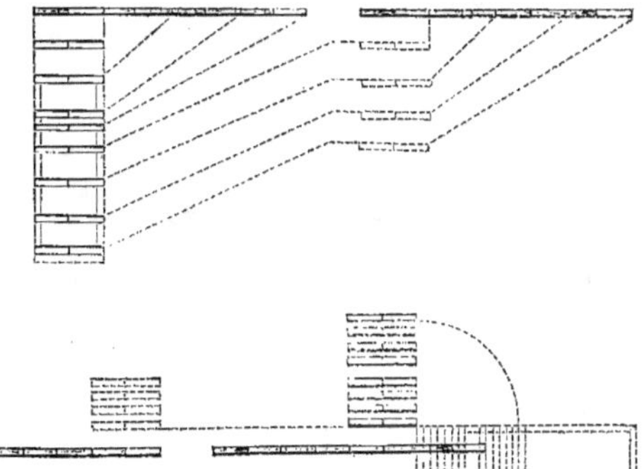

TROISIÈME PARTIE.

NOUVELLE THÉORIE DES CARRÉS.

1. Carré de bataillon sur le centre.

Le chef de bataillon voulant former le carré sur le centre commandera :

> 1. *Sur le centre formez le carré.*
> 2. *Bataillon demi-tour — à* Droite.
> 3. *Par peloton demi à droite et à gauche.*
> 4. *Pas accéléré —* Marche.

Au 1er commandement, les chefs des 4e et 5e pelotons les préviendront de ne pas bouger, l'adjudant-major se portera à six pas devant le chef du 4e peloton, lui faisant face, et s'établira sur lui et le sous-officier de remplacement, bien perpendiculairement à la ligne de bataille, et lui faisant face ; l'adjudant sous-officier se placera de la même manière devant le chef du 6e peloton ; les guides généraux de droite et de gauche se porteront vivement à distance de division en arrière des sous-officiers de remplacement des 4e et 6e peloton ; regarderont en avant et seront assurés, le premier par l'adjudant-major, le second par l'adjudant, sur les directions que devront avoir les 2e et 3e faces du carré et aux extrémités de ces faces.

Les tambours se placeront en arrière de la division du centre à un peu plus que distance de peloton de cette division.

Au 2e commandement tous les pelotons à l'exception des 4e et 5e feront face en arrière.

Au 3e commandement les chefs des pelotons qui ont fait demi-tour à droite, se placeront derrière le centre de ces pelotons et les préviendront qu'ils vont exécuter, ceux de droite un demi à droite, ceux de gauche un demi à gauche.

Au 4e commandement les pelotons converseront, lorsqu'ils auront assez conversé, le chef de bataillon commandera :

> 1. *En avant.*
> 2. Marche.
> 3. *Guide à droite et à gauche.*

Au commandement en avant, le chef du 3e peloton, commandera : *Tournez à droite,* celui du 6e commandera *tournez à gauche,* ils répéteront le commandement Marche, laisseront leurs pelotons dépasser de trois pas la ligne sur laquelle ils doivent se former, les arrêteront, leur feront faire demi-tour, se porteront de leurs personnes contre les files extérieures de la 1er face et commanderont l'alignement sur eux.

Les 2e et 7e pelotons ayant suffisamment marché en avant, seront établis sur les 2e et 3e faces du carré par des moyens semblables à ceux qui viennent d'être appliqués.

Les 1er et 8e pelotons étant parvenus à hauteur des extrémités des 2e et 7e pelotons, tourneront deux fois de suite, l'un à gauche et l'autre à droite; ils seront arrêtés sur la ligne déterminée par les extrémités des 2e et 3e faces, leurs chefs leur feront faire demi-tour et les aligneront à gauche.

Le mouvement étant achevé, le chef de bataillon commandera :

Guides — à vos PLACES.

On se conformera alors à ce qui est prescrit n° 709 de l'École de bataillon.

Fig. 11.

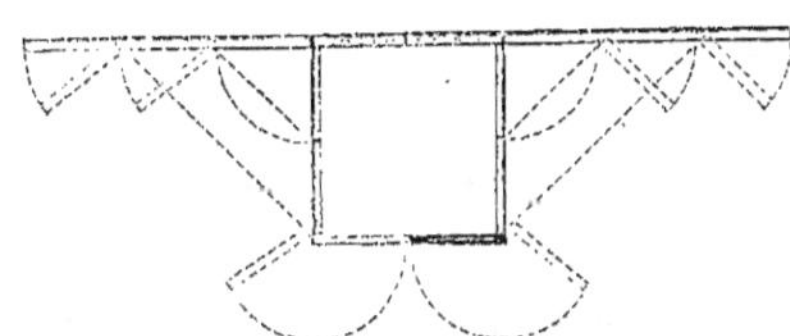

2. Rompre le carré.

Le chef de bataillon commandera :

1. *Rompez le carré.*
2. *Par peloton demi à gauche et à droite.*
3. *Pas accéléré* — MARCHE.
4. *En avant.*
5. MARCHE.
6. *Guide à gauche et à droite.*

Au 1er commandement, les chefs des 4e et 5e pelotons les préviendront de ne pas bouger ; les chefs des 1er et 8e pelotons les feront converser de manière à les établir sur l'alignement des faces contiguës.

Au 2e commandement et aux commandements suivants, les trois pelotons de droite et les trois pelotons de gauche se conformeront à ce qui est prescrit à l'École de bataillon, pour la formation en avant en bataille.

Fig. 12.

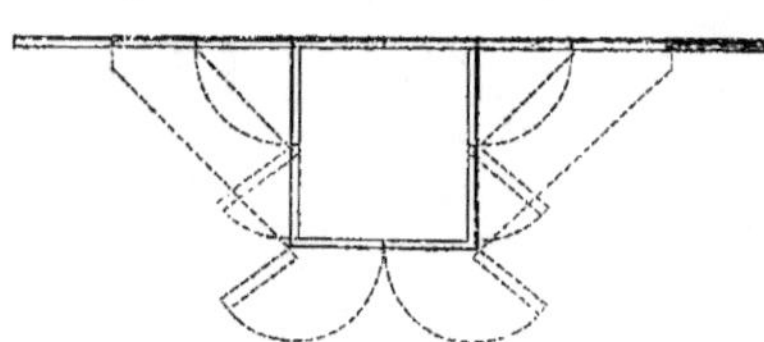

N° 3. Carré par régiment de deux bataillons.

Un régiment de deux bataillons en bataille devant former le carré, sans se mettre préalablement en colonne, le colonel commandera :

> 1. *Carré de régiment.*
> 2. *Sur le centre, formez le carré.*
> 3. *Pas accéléré* — Marche.

Au premier commandement, les adjudants-majors se porteront au centre de l'intervalle des deux bataillons, établiront un jalonneur à ce centre et sur la direction même de la ligne de bataille, puis se tourneront le dos, marcheront vers leur bataillon respectif et établiront chacun un jalonneur à intervalle de peloton, moins un pas, du jalonneur central; les 3 jalonneurs seront correctement placés sur la ligne de bataille. A ce même commandement, le guide général de droite du bataillon de droite, et le guide général de gauche du bataillon de gauche, se porteront en arrière et seront établis par les adjudants-majors perpendiculairement à la ligne de bataille à distance de bataillon de cette ligne et sur l'alignement que devront avoir les 2ᵉ et 3ᵉ faces du carré.

Au 2ᵉ commandement, les chefs du 8ᵉ peloton du 1ᵉʳ bataillon et 1ᵉʳ peloton du 2ᵉ bataillon les feront marcher par le flanc à la rencontre l'un de l'autre et les établiront contre les 3 jalonneurs dont il a été question plus haut; ces pelotons formeront la première face. En même temps les chefs de bataillon commanderont : *Bataillon demi-tour —* A droite et *par peloton demi à droite,* dans le bataillon de droite, *par peloton demi à gauche* dans le bataillon de gauche.

Au 3ᵉ commandement, le mouvement se terminera dans chaque bataillon, ainsi qu'il a été prescrit pour les pelotons extrêmes d'un bataillon isolé qui forme le carré sur le centre en bataille.

Fig. 13.

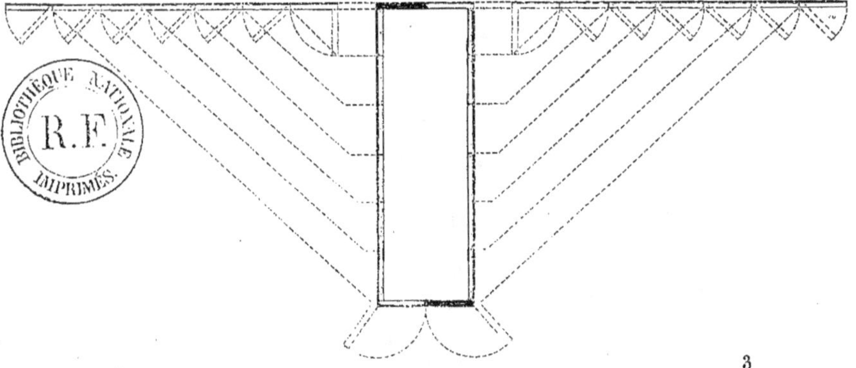

3

N° 4. Rompre un carré de deux bataillons formé comme il vient d'être dit.

Un régiment de deux bataillons déployés, ayant été formé en carré sur le centre, pour rompre le carré, le colonel commandera :

> 1. *Rompez le carré.*
> 2. *Pas accéléré —* Marche.

Au 1er commandement, les adjudants-majors se porteront en avant de la 1re face au moins à vingt pas; ils établiront deux jalonneurs espacés entre eux de 24 pas, puis ils en placeront chacun un second sur la direction des premiers, et à un peu moins qu'intervalle de peloton de ceux-ci. Chacun des chefs de peloton de la 1re face, portant son peloton diagonalement en avant, l'établira promptement contre les jalonneurs placés par l'adjudant-major de son bataillon respectif; les pelotons de la 4e face et ceux de réserve, s'il y en a, rentreront en ligne à leur place de bataille. Ces dispositions étant prises, le chef du bataillon de droite commandera : *Par peloton demi à gauche*; celui de gauche commandera : *par peloton demi à droite*.

Au 2e commandement, le mouvement se terminera, comme il a été prescrit pour les pelotons extrêmes d'un bataillon isolé qui rompt le carré sur le centre.

Fig. 14.

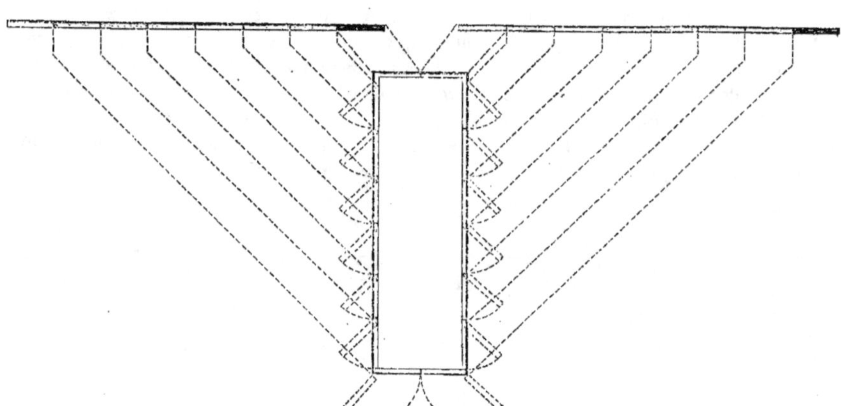

N° 5. Carré par régiment de trois bataillons.

Le régiment ayant 3 bataillons en bataille, pour les former en un seul carré, sans se mettre en colonne, le colonel commandera :

> 1. *Carré de régiment.*
> 2. *Sur le centre du 2e bataillon, formez le carré.*
> 3. *Pas accéléré —* Marche.

Au 2ᵉ commandement, l'adjudant-major, l'adjudant et les guides généraux du 2ᵉ bataillon, se conformeront à ce qui a été prescrit pour la formation du carré sur le centre, dans un bataillon isolé. Les adjudants-majors des bataillons extrêmes établiront, celui du bataillon de droite, le guide général de droite et celui du bataillon de gauche, le guide général de gauche, aux points qui devront former les angles de la 4ᵉ face avec les 3ᵉ et 4ᵉ. A ce même commandement, les chefs de bataillon prendront leurs dispositions ou feront leurs commandements préparatoires, savoir: le chef de bataillon central comme s'il était seul, les chefs des bataillons extrêmes, comme s'il s'agissait d'un carré de deux bataillons, à l'exception que le 8ᵉ peloton du bataillon de droite et le 1ᵉʳ peloton du bataillon de gauche, suivront le mouvement général de leur bataillon.

Au commandement *Marche*, le 2ᵉ bataillon fera son mouvement comme s'il était seul, à l'exception que ses pelotons extrêmes se mettront sur l'alignement de leurs voisins. Les bataillons extrêmes se conformeront à ce qui a été prescrit pour la formation d'un carré de deux bataillons.

OBSERVATIONS.

Si on voulait avoir 2 pelotons en réserve et une division d'élite sur la 1ʳᵉ face, on lancerait en tirailleurs les pelotons d'élite du 2ᵉ bataillon; ce bataillon formerait le carré sur le centre, comme s'il n'avait que 6 pelotons. A la sonnerie du ralliement, les tirailleurs viendraient occuper la 1ʳᵉ face qui leur serait laissée libre par les 4ᵉ et 5ᵉ pelotons; ceux-ci, à cet effet, doubleraient les sections et se retireraient dans l'intérieur du carré.

Fig. 15.

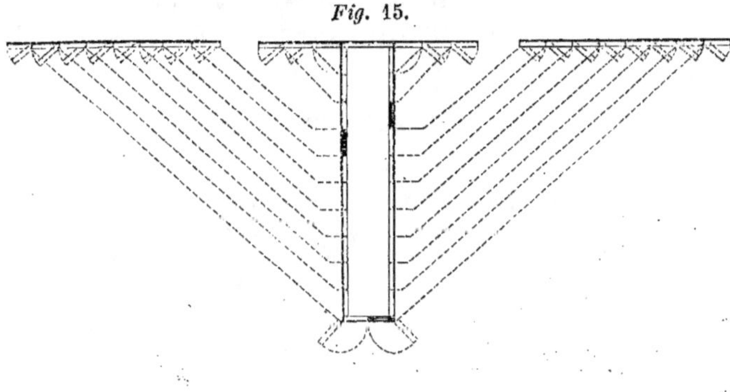

Fig. 15 *bis.*

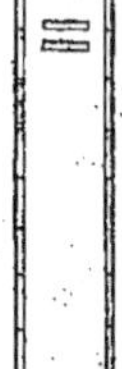

Rompre le carré de 3 bataillons.

Un régiment de trois bataillons déployés, ayant été formé en un seul carré, pour le rompre, le colonel commandera :

    1. *Rompez le carré.*

    2. *Pas accéléré* — Marche.

Après le 1ᵉʳ commandement répété, le chef de bataillon du centre se comportera pour ses dispositions et commandements préparatoires comme s'il était seul, les chefs des bataillons extrêmes agiront comme il a été prescrit pour les carrés de deux bataillons.

Au commandement *Marche*, vivemement répété, chaque bataillon se portera sur la ligne de bataille.

OBSERVATIONS.

Si la 1ʳᵉ face était formée de deux pelotons d'élite, et qu'il y eut une réserve, on romprait le carré comme il vient d'être prescrit; les 4ᵉ et 5ᵉ pelotons du 2ᵉ bataillon reprendraient leur place en se portant en avant; les 1ᵉʳ et 8ᵉ pelotons pourraient ou couvrir le mouvement en se déployant de nouveau en tirailleurs ou gagner de suite leur emplacement par une marche de flanc.

Fig. 16.

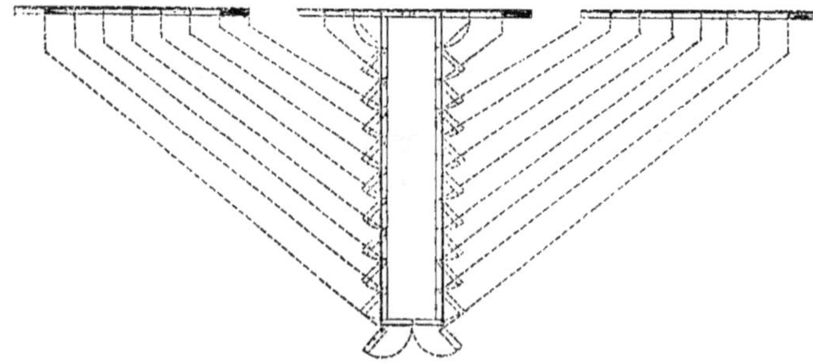

N° 7. Carré de brigade de 4 bataillons.

Une brigade de 4 bataillons en bataille devant former un seul carré sans se mettre préalablement en colonne, le commandant en chef commandera :

1. *Carré de brigade.*

2. *Sur le 2ᵉ (ou le 3ᵉ) bataillon, formez le carré.*

3. *Pas accéléré —* Marche.

Le deux premiers commandements ayant été répétés par les chefs de bataillon, le commandant du 2ᵉ bataillon le préviendra de ne pas bouger ; les commandants des 1ᵉʳ et 3ᵉ feront leurs commandements préparatoires, comme s'il s'agissait d'un carré de trois bataillons ; le chef du 4ᵉ bataillon commandera de former la colonne par peloton à distance entière sur le 1ᵉʳ peloton, la droite en tête.

Au 2ᵉ commandement, les adjudants-majors des 1ᵉʳ et 3ᵉ bataillons se porteront à 6 pas en avant des files extrêmes du 2ᵉ bataillon, lui feront face et établiront, l'un le guide général de droite du 1ᵉʳ bataillon, l'autre le guide général de gauche du 3ᵉ, bien perpendiculairement à la ligne de bataille, aux points qui doivent former les angles des 2ᵉ et 3ᵉ faces avec la 4ᵉ.

Au 3ᵉ commandement, les 2ᵉ et 3ᵉ bataillons se comporteront comme s'il s'agissait d'un carré de 3 bataillons, à l'exception que leurs pelotons extérieurs resteront sur l'alignement des autres. Le 4ᵉ bataillon ayant été ployé en colonne, comme il a été dit, fera demi-tour à droite ; son chef le mettra ensuite en marche en colonne, la gauche en tête, et le dirigera en le faisant tourner de suite à gauche, le long du prolongement de la 4ᵉ face ; il l'arrêtera, lorsque le 1ᵉʳ peloton sera dans le prolongement de la 3ᵉ face, le formera à gauche en bataille et le remettra face en dehors par un demi-tour à droite.

Fig. 17.

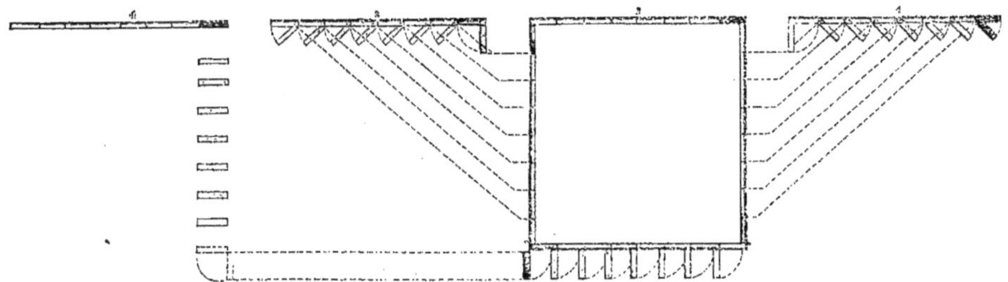

N° 8. Rompre le carré de brigade.

Une brigade de 4 bataillons ayant été formée en un seul carré, le commandant en chef, voulant rompre le carré, commandera :

1. *Rompez le carré.*

2. *Pas accéléré* — Marche.

Au 1er commandement, le chef du 2e bataillon le préviendra qu'il ne doit pas bouger; le chef de 1er bataillon fera porter son 8e peloton sur l'alignement du 2e bataillon et à 24 pas; le chef du 3e bataillon agira de même à l'égard de son 1er peloton; ces deux chefs de bataillons feront ensuite les mêmes commandements que s'il s'agissait d'un carré de 3 bataillons. Le chef du 4e bataillon commandera *Par peloton à droite.* Au 2e commandement, les 1er et 3e bataillons se comporteront comme il a été dit pour un carré de 3 bataillons; le 4e bataillon ayant rompu par peloton à droite, son chef le portera diagonalement en avant, le dirigera ensuite parallèlement à la ligne de bataille et le formera sur la droite en bataille.

Fig. 18.

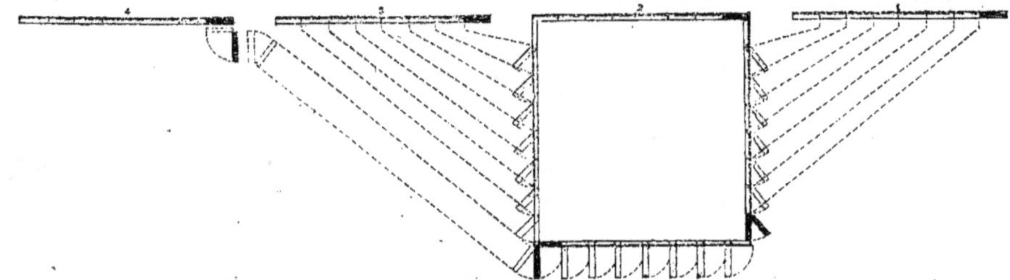

N° 9. Carré oblique sur le centre.

Le chef de bataillon voulant former le carré oblique sur la division du centre, fera établir obliquement cette division d'après les principes indiqués au n° 941 des Évolutions de ligne, puis ensuite il commandera :

1. *Pour former le carré.*
2. *Colonne double à distance de peloton.*
3. *Bataillon à gauche et à droite.*
4. *Pas accéléré* — MARCHE.

Au commandement *marche*, les pelotons exécuteront ce qui est prescrit pour la formation de la colonne double, les 1er et 8e pelotons serreront en masse sur les 2e et 7e pelotons.

Le chef de bataillon commandera ensuite : 1. *Formez le carré;* 2. *A droite et à gauche en bataille;* 3. *Pas accéléré* — MARCHE.

Au commandement *marche,* on se conformera à ce qui est prescrit n° 700.

Dans une ligne de plusieurs bataillons, le commandant de la ligne voulant faire former le carré oblique sur le centre par bataillon, commandera : 1. *Carré oblique par bataillon;* 2. *Sur le centre formez le carré;* 3. *Pas accéléré* — MARCHE. Au 2e commandement, chaque chef de bataillon fera établir la division du centre, et commandera :

1. *Colonne double à distance de peloton;* 2. *Bataillon à gauche et à droite;* il répétera, après le commandement, *marche.*

Le mouvement s'exécutera dans chaque bataillon comme il a été prescrit.

Fig. 19.

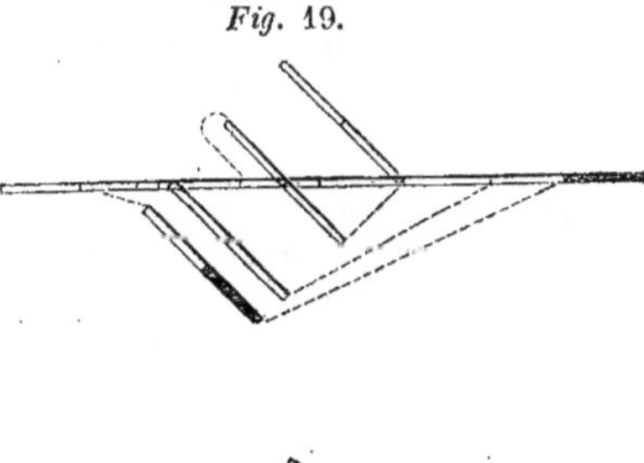

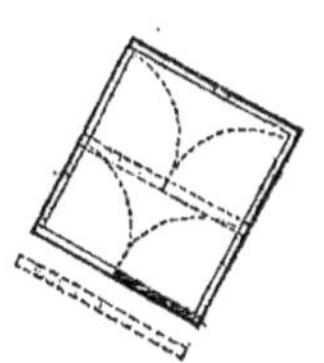

N° 10. Observations générales sur les carrés, sur le centre de un, deux, trois et quatre bataillons.

L'ordonnance sur les manœuvres indique qu'une troupe en bataille devra toujours se déployer en colonne avant de former le carré, et que le déploiement devra se faire de préférence sur une des extrémités de la ligne.

En modifiant ces règles générales, en formant directement le carré sur le centre, sans passer par l'ordre en colonne, on obtient une économie de temps qui provient de la suppression d'un mouvement, et de ce que les troupes n'ont plus à parcourir que la moitié environ de la distance, puisqu'elles se forment sur le centre, au lieu de se former sur les extrémités.

A la guerre, la rapidité des manœuvres a toujours été jugée fort avantageuse, et plus particulièrement encore quand on doit former le carré pour résister aux tentatives d'une cavalerie entreprenante. — Il semble donc que sous ce rapport, la formation des carrés sur le centre serait utilement employée toutes les fois qu'une troupe en bataille devrait immédiatement se former en carré.

A ce premier avantage qui paraîtra sans doute appréciable, il faut ajouter que d'après les mouvements proposés, les pelotons conservent leur ordre habituel, ce qui peut avoir une influence morale importante, et que dans les carrés de plusieurs bataillons, ces mêmes pelotons se trouvent sous la surveillance et sous les ordres de leurs chefs de bataillon.

On remarque d'ailleurs que l'espace intérieur du carré n'est jamais traversé par les pelotons, et qu'en suivant les principes de l'ordonnance, cet espace est au contraire occupé par les subdivisions de la colonne avant la formation du carré, et après qu'il est rompu. En admettant le cas ou une troupe devrait garantir des bagages, des ambulances et des blessés, ils pourraient, si on exécutait le mouvement proposé, trouver tout d'abord refuge derrière la première face, tandis qu'en suivant les principes prescrits par l'ordonnance du 4 mars 1849, ils n'auraient la place nécessaire, qu'après l'entière formation du carré, ce qui serait quelquefois trop tard.

Faire manœuvrer une brigade sur une place carrée de peu d'étendue
(9 pelotons de front sur chaque côté.)

On suppose une place carrée dont le côté soit égal à neuf fois le front d'un peloton ; on propose d'y faire manœuvrer une brigade de deux régiments, de deux bataillons chacun, les bataillons ayant huit pelotons.

On arrive sur la place par une rue donnant passage à une colonne d'un peloton de front et débouchant perpendiculairement à l'une des extrémités d'un des côtés.

PREMIER MOUVEMENT.

La brigade arrivant sur la place, la former en colonne, les bataillons déployés les uns derrière les autres, à distance de division.

Les bataillons, en débouchant sur la place, formeront successivement les divisions en marchant, chaque division se formant sur le même terrain que la précédente.

Le 1er bataillon serre en masse de manière que la 1re division soit arrêtée à distance de section, plus 3 pas du côté de la place, qui lui est opposé. Chacun des autres bataillons serrera en masse à son tour, de telle sorte que sa 1re division s'arrête à distance de division du précédent, cette distance étant comptée entre les guides des 1res divisions.

Ces dispositions étant prises, le commandant en chef commandera :

1. *Mouvement par bataillon.*
2. *Sur la 1re division de chaque bataillon déployez les masses.*
3. *Pas accéléré —* MARCHE.

Ce qui s'exécute d'après les principes prescrits, chaque adjudant-major établissant ses jalonneurs à 3 pas en avant de la 1re division.

Fig. 20.

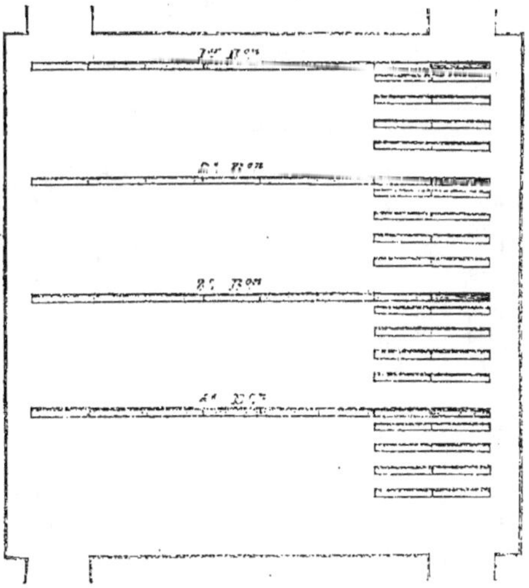

NOTA. Dans une ville du Nord, un colonel qui passait pour bon manœuvrier prétendit, soutint et paria qu'il n'était pas possible de faire manœuvrer quatre bataillons à la fois sur la place d'armes dont chaque côté n'était égal qu'au front d'un bataillon, plus quelques pas. On exécuta quelques uns des mouvements détaillés ici, et le colonel reconnut bien vite qu'il avait perdu son pari.

4

DEUXIÈME MOUVEMENT.

Les bataillons étant déployés les uns derrière les autres, les placer les uns à côté des autres dans l'ordre naturel, tout autour de la place et face en dehors.

Le commandant en chef ordonne que le 1er bataillon se portera 3 pas en avant; que le second fera *par peloton à gauche* et se serrera en masse sur le 8e peloton; que le 3e se ployera en colonne serrée, la droite en tête, sur son 5e peloton, fera la contre-marche et se portera en avant jusqu'à distance de section du côté de la place qui lui sera opposé; que le quatrième fera *par peloton en arrière à droite* et serrera en masse sur le 1er peloton.

Ces dispositions étant prises, le commandant en chef avertit les chefs de bataillon que leurs bataillons vont déployer, savoir : le 2e sur le 2e peloton, le 3e sur le 4e peloton, et le 4e sur le 2e peloton, puis il commande :

1. *Mouvement par bataillon.*
2. *Déployez les masses.*
3. *Pas accéléré* — MARCHE.

Au 3e commandement, le 1er bataillon ne bouge pas; les autres déploient sur le peloton qui leur a été désigné, les adjudants-majors ayant eu soin d'établir leur ligne de bataille à 3 pas en avant de la tête de colonne.

Fig. 21.

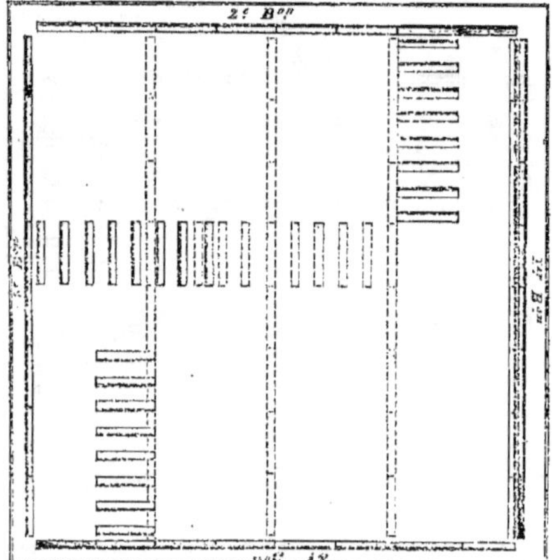

TROISIÈME MOUVEMENT.

Les bataillons étant déployés les uns à côté des autres, dans l'ordre naturel et face en dehors, les mettre face en dedans, mais toujours dans l'ordre naturel.

Le commandant en chef fait changer de place entre eux les 2ᵉ et 4ᵉ bataillons ; à cet effet, ils se ploient en colonne serrée sur leur 1ʳᵉ division, la droite en tête ; ils exécutent la contre-marche, se portent ensuite en avant avec le guide à gauche, s'arrêtent contre le côté de la place qui leur est opposé, et s'y déploient dans l'ordre naturel, de manière à être exactement sur l'emplacement l'un de l'autre.

Ces dispositions étant prises, le commandant en chef commande :

1. *Mouvement par bataillon.*
2. *Colonnes doubles à distance de peloton.*
3. *Pas accéléré —* Marche.

Et ensuite

1. *Mouvement par bataillon.*
2. *Face en arrière en bataille.*
3. *Pas accéléré —* Marche.

Ces commandements s'exécutent d'après les principes prescrits.

OBSERVATIONS.

La brigade faisant face en dedans, les officiers supérieurs, adjudants-majors et adjudants restent devant le front de la troupe sur des points symétriques de ceux qu'ils occuperaient s'il y avait place derrière les bataillons.

Fig. 22.

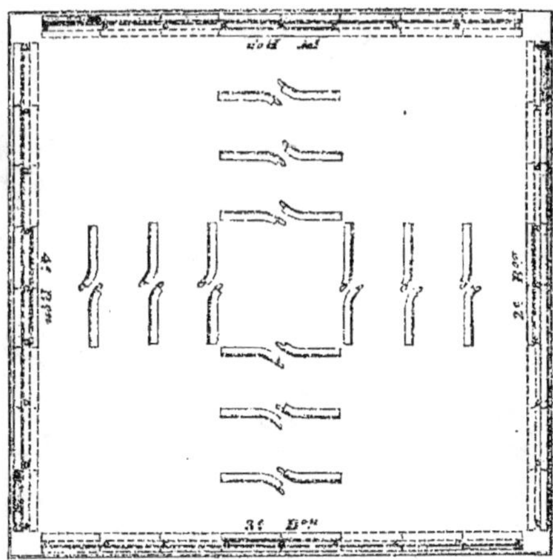

QUATRIÈME MOUVEMENT.

Les bataillons étant déployés les uns à côté des autres, face en dedans et dans l'ordre naturel, les mettre face en dehors inversés entre eux, mais chacun dans l'ordre direct.

Le commandant en chef commande :

> 1. *Par section à droite.*
> 2. *Pas accéléré* — Marche.

> Et ensuite,

> 1. *Mouvement par bataillon.*
> 2. *En avant en bataille.*
> 3. *Pas accéléré* — Marche.

Chaque bataillon se conforme aux principes de l'école de bataillon pour se former *en avant en bataille.*

OBSERVATIONS.

On a rompu par section et non par peloton, parce que, pour se former en avant en bataille, la première subdivision doit se porter en avant de l'étendue de son front, et qu'il n'y a, devant cha que tête de colonne, qe'un espace égal au front d'une section.

Il y a le terrain nécessaire pour que chaque bataillon puisse se former en avant en bataille sans heurter ni se mêler ; cependant, si on craignait quelque confusion, on n'aurait qu'à rompre par peloton, à faire serrer en mssse sur le premier peloton de chaque bataillon et déployer ensuite sur ce peloton.

Fig. 23.

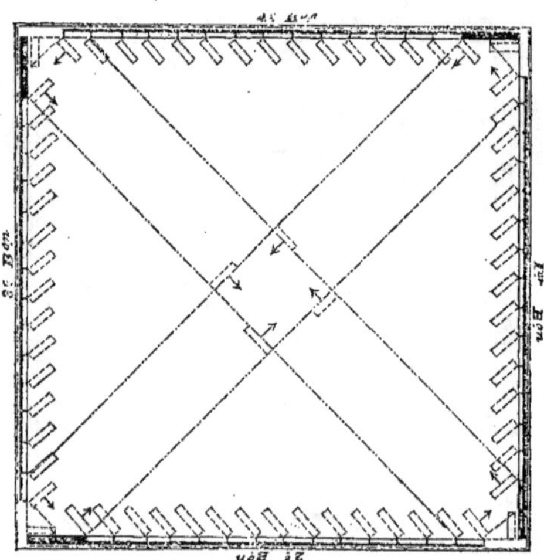

CINQUIÈME MOUVEMENT.

Les bataillons étant en bataille face en dehors, inversés entre eux, mais chacun dans l'ordre direct, les remettre face en dedans dans l'ordre naturel, par le mouvement face en arrière en bataille.

Le commandant en chef commande :

1. *Par section en arrière à gauche.*
2. *Pas accéléré — MARCHE.*

Et ensuite,

1. *Mouvement par bataillon.*
2. *Face en arrière en bataille.*
3. *Pas accéléré — MARCHE.*

Chaque bataillon se conforme à ce qui est prescrit à l'École de bataillon.

OBSERVATIONS.

Il y a, à la rigueur, le terrain nécessaire pour se former *face en arrière en bataille*, étant en colonne par section ; cependant, si on craignait quelque confusion, on ferait rompre par peloton en arrière à gauche et serrer à demi-distance sur la tête de chaque bataillon avant de se former face en arrière en bataille.

Si, après avoir rompu par peloton en arrière à gauche, la gauche du 8° peloton de chaque bataillon se trouvait gênée par le 1ᵉʳ peloton du bataillon voisin, elle mettrait provisoirement 2 ou 3 files en arrière.

Fig. 24.

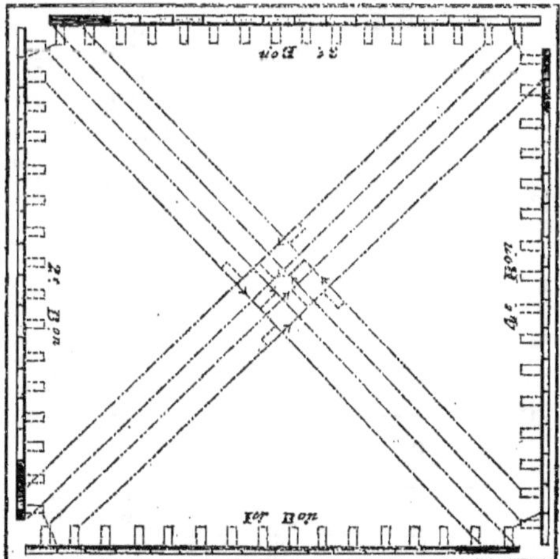

SIXIÈME MOUVEMENT.

Les bataillons étant déployés les uns à côté des autres dans l'ordre naturel, face en dedans, former les carrés par régiment.

Le commandant en chef commande :

> 1. *Par division à droite.*
> 2. *Pas accéléré —* MARCHE.

La 1re division de chaque bataillon marque le pas en conversant, de manière à laisser passer la 4e division du bataillon voisin et met quelques files de gauche en arrière.

Le commandant en chef commande ensuite :

> 1. *Mouvement par régiment.*
> 2. *Pour former le carré.*
> 3. *Sur la 2e division du 1er bataillon, à distance de peloton, serrez la colonne.*
> 4. *Pas accéléré —* MARCHE.
> 5. *Formez les carrés.*
> 6. *Pas accéléré —* MARCHE.

Les colonels répètent les commandements du commandant en chef, et les mouvements s'exécutent d'après les principes prescrits. La 1re division du 2e bataillon de chaque régiment fait un mouvement par le flanc gauche pour changer de direction, les autres divisions du même bataillon changent de direction par une conversion du côté du guide.

OBSERVATION.

Ce mouvement peut être utile pour lire une proclamation, par exemple.

Fig. 25.

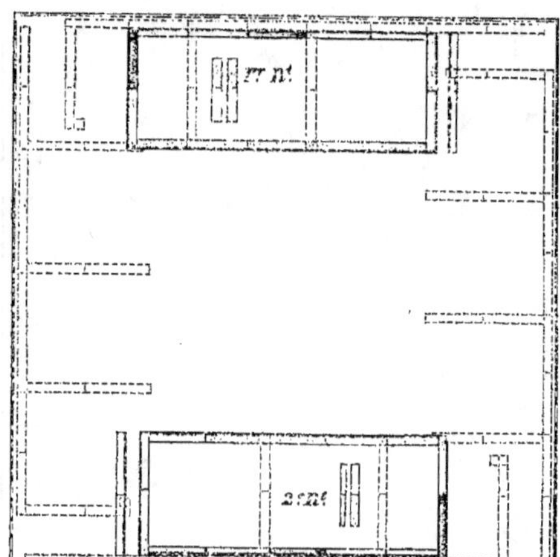

SEPTIÈME MOUVEMENT.

La brigade étant en carré par régiment, rompre les carrés et reformer la ligne face en dedans.

Le commandant en chef fait rompre les carrés, ordonne de faire demi-tour à droite et de prendre les distances sur la 1re division de chaque régiment; chaque division se porte sur l'emplacement qu'elle occupait avant de serrer à distance de peloton pour former le carré; la 1re division de chaque bataillon met en arrière deux ou trois files de gauche devenue droite. Ces dispositions étant prises, le commandant en chef commande :

1. *A gauche en bataille.*
2. *Pas accéléré* — MARCHE.

Ce mouvement étant achevé, il fait de nouveau exécuter un demi-tour à droite. En se formant en bataille, la 4e division de chaque bataillon marque le pas pour laisser passer la 1re division du bataillon voisin.

Fig. 26.

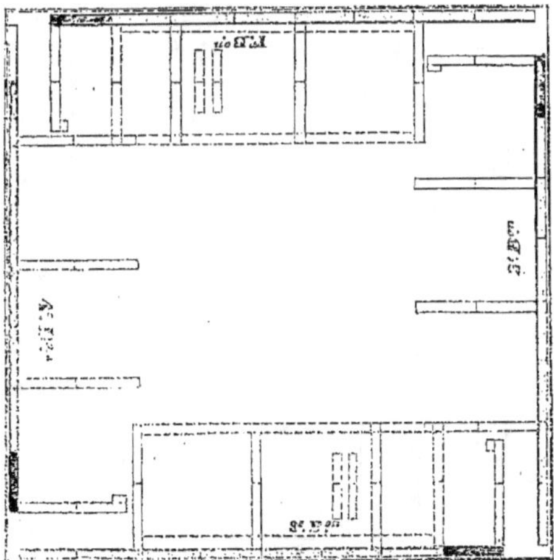

HUITIÈME MOUVEMENT.

La ligne faisant face en dehors, former les carrés par régiment.

Le commandant en chef fait rompre par division en arrière à droite, fait serrer à distance de peloton sur la 2ᵉ division de chaque régiment, et le mouvement s'achève comme précédemment.

La 1ʳᵉ division du 2ᵉ bataillon de chaque régiment fait un mouvement par le flanc pour serrer à distance de peloton sur la 3ᵉ division du 1ᵉʳ bataillon.

Fig. 27.

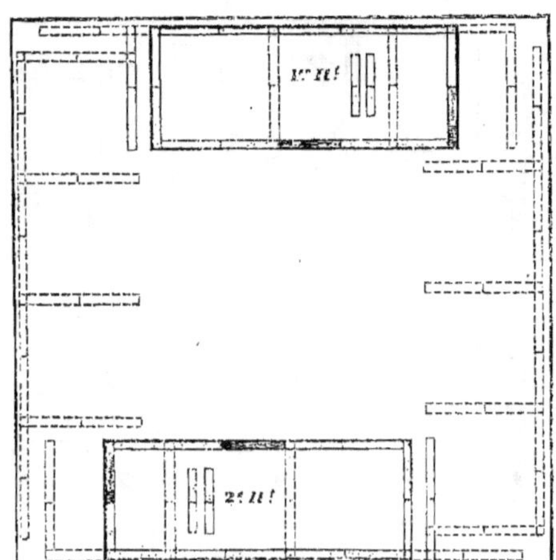

NEUVIÈME MOUVEMENT.

La brigade s'étant formée en carré par régiment, comme il vient d'être dit, la remettre en bataille, face en dehors et dans l'ordre naturel.

Le commandant en chef fait rompre les carrés, exécuter demi-tour à droite et porter les colonnes en arrière, jusqu'à ce que les premières divisions de chaque régiment aient le terrain nécessaire pour converser ; alors les colonnes sont arrêtées, les distances se prennent sur la 1re division de chaque régiment ; on fait de nouveau demi-tour à droite, et le commandant en chef commande :

     1. *A gauche en bataille.*
     2. *Pas accéléré* — Marche.

Les bataillons se forment d'après les principes prescrits.

Lorsqu'après avoir fait demi-tour on porte les colonnes en avant préalablement au mouvement de prendre les distances, les 4es divisions des 2es bataillons de chaque régiment changent de suite de direction pour se placer perpendiculairement au côté de la place le long duquel elles se trouvaient avant de rompre en arrière à droite pour former le carré.

Fig. 28.

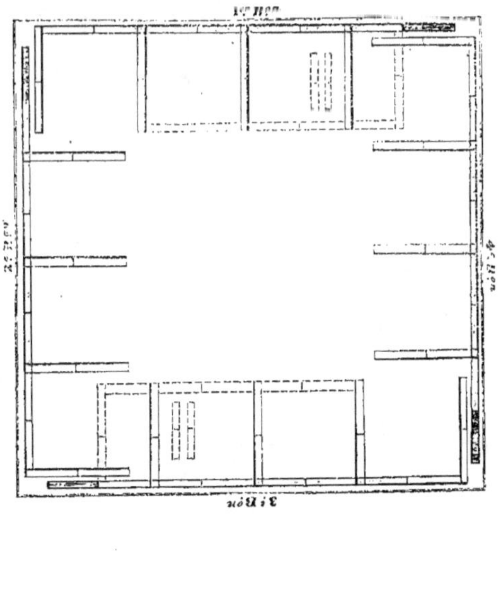

DIXIÈME MOUVEMENT.

La brigade étant en bataille autour de la place, rompre la ligne et défiler.

On rompt par peloton à droite ou en arrière à droite, on serre en masse sur le peloton de la queue, et on prend ensuite les distances par la tête de la colonne pour passer, avec le guide à droite, devant la personne à qui on rend les honneurs.

La colonne, après avoir défilé, serre de nouveau en masse sur le peloton de la tête et assez loin de la personne qui reçoit les honneurs, pour que la queue ne soit pas arrêtée, et en ne prenant, s'il le faut, que 4 pas de distance d'un guide à l'autre. On peut aussi faire quitter le terrain à chaque bataillon au fur et à mesure qu'il défile.

Fig. 29.

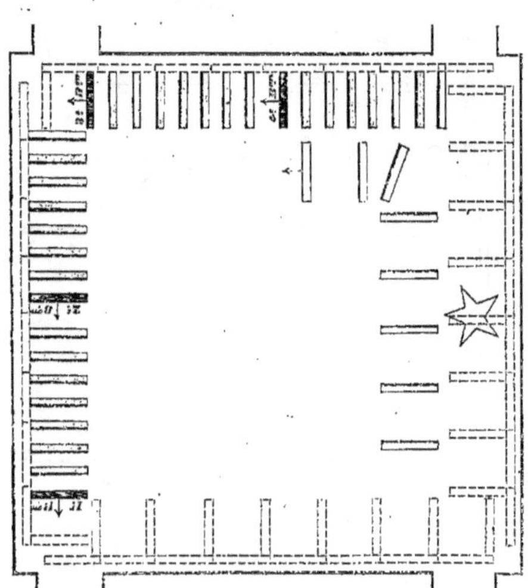

TABLE DES MATIÈRES.

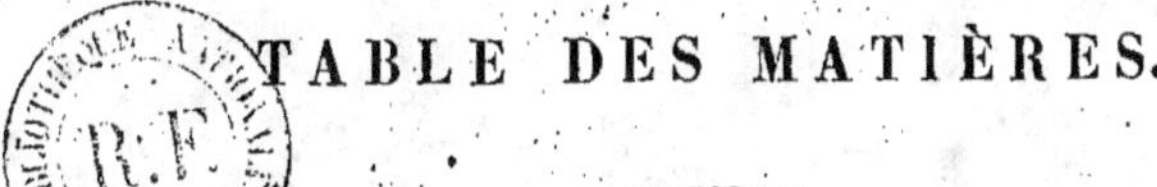

FIN DE LA TABLE.

Montmartre. — Imp. PILLOY frères et Cᵉ, boulev Pigale, 48.

9 782013 573948